# BEI GRIN MACHT SICH IHR WISSEN BEZAHLT

# Die Epoche des Realismus von 1848 - 1890 mit Fokussierung auf Theodor Fontanes „Effi Briest"

Nils Peters
Linus Beyer

**Bibliografische Information der Deutschen Nationalbibliothek:**

Die Deutsche Nationalbibliothek verzeichnet diese Publikation in der Deutschen Nationalbibliografie; detaillierte bibliografische Daten sind im Internet über http://dnb.d-nb.de abrufbar.

ISBN: 9783656434504
Dieses Buch ist auch als E-Book erhältlich.

Druck und Bindung: Books on Demand GmbH, Norderstedt Germany
Gedruckt auf säurefreiem Papier aus verantwortungsvollen Quellen

Das vorliegende Werk wurde sorgfältig erarbeitet. Dennoch übernehmen Autoren und Verlag für die Richtigkeit von Angaben, Hinweisen, Links und Ratschlägen sowie eventuelle Druckfehler keine Haftung.

Das Buch bei GRIN: https://www.grin.com/document/206214

# Epochenreferat

## REALISMUS VON 1848-1890

Facharbeit mit Fokussierung auf Theodor Fontane und sein Werk „Effi Briest"

Verfasst von Linus Beyer und Nils Peters

**Inhaltsverzeichnis**

# 1. Die Grundidee des Realismus (1848 – 1890)

Der Grundgedanke des Realismus ist die Reflektion der Wirklichkeit durch Kunst und Literatur. Das heißt, der Realismus gibt die Welt nicht nach einem Idealbild wieder, sondern wie sie tatsächlich ist. Der Realismus lässt sich in „Poetischen Realismus" und „Bürgerlichen Realismus" aufteilen. Poetischer Realismus bedeutet Konflikte in der Wirklichkeit lyrisch zu entschärfen. Bei dem bürgerlichen Realismus wird häufig der Konflikt des Individuums mit der Gesellschaft thematisiert. Dies soll keine Kritik an der Gesellschaft bzw. am Milieu sein, sondern eine Ästhetisierung und damit eine Verklärung. Es ist die Abgrenzung von der Idealistischen Epoche (insbesondere von der Romantik).

Während der ersten Hälfte des 19. Jahrhunderts war die Literatur vom Vormärz geprägt und dem damit verbunden politisch-historischen Maßstab. Die folgenden Erscheinungen wurden unter dem Blickwinkel ihres Zusteuerns auf die Märzrevolution im Jahre 1848 gesehen.

1850 folgte das „Junge Deutschland", welches sich aus Gruppierungen von Autoren im poetischen und bürgerlichen Realismus zusammensetzte.[1]

## 1.1. Welt- und Menschenbild

Dem Menschen steht im Realismus, sein persönliches Schicksal und seine individuelle Eigenart im Hinblick auf die soziale Umgebung im Vordergrund. Die Kraft des Materiellen war in dieser Zeit sehr hoch. Zugleich entsteht die Fragwürdigkeit, ob eine Welt in der die bloße Materie zählt (Nihilismus) wirklich erstrebenswert sei. Im Zuge der naturwissenschaftlich-technischen Orientierung und bedeutenden Erfindungen setzt sich ein Glaube an die Wissenschaft durch.[2]

# 2. Geschichtlicher Hintergrund

Der Realismus begann nach Ende der literarischen Vormärzbewegung mit der Märzrevolution im Jahre 1848. Die Forderungen der Revolution wurden allerdings nur teilweise erzielt.

So fehlte die Erfüllung der Wünsche nach staatlicher Einheit und politischer Freiheit.

Nach der Reichsproklamation am 18. Januar 1871 in Versailles wurde der seit 1862 gewählte Ministerpräsident Otto Eduard Leopold von Bismarck zum Reichskanzler ernannt.

Der seit 1866 amtierende König von Preußen Wilhelm I. wurde zum deutschen Kaiser.

In der Innenpolitik setze sich Bismarck stark für die Schaffung von sozialen Gesetzen (unter anderem der Krankenversicherung und Altersversicherung) ein.

Bismarcks Außenpolitik setze sich zum Ziel, friedliche Beziehungen zu anderen Ländern mit Isolation von Frankreich anzustreben.

Nach dem Rücktritt Bismarcks im Jahre 1890 bestimmte Wilhelm II die deutsche Außenpolitik und wechselte von friedlichen Beziehungen zu Kolonial- und Aufrüstungsmaßnahmen.[3]

## 2.1. Technische Errungenschaften

**1864** erfanden Wilhelm Siemens und Pierre-Émile Martin den Siemens-Martin Ofen zur
  Gewinnung von Stahl.
**1867** erfand Alfred Nobel das Dynamit.
**1871** erfand Énobe Théophile Gramme den industriellen Dynamo.
**1876** erfand Alexander Graham Bell das Telefon.
**1877** erfand Thomas Alva Edison das Grammophon.
**1879** erfand Thomas Alva Edison die Glühbirne.
**1882** erfand der Franzose Marcel Deprez die Hochspannungsleitung.
**1888** erfand George Eastman den Fotofilm.
**1895** erfanden die Brüder Auguste und Louis Lumiére das Kino.
**1898** erfand Henri Moissan den Elektrischen Ofen.[4]

## 3. Gesellschaftlicher Hintergrund

Mit der bürgerlichen Revolution 1848 und dem Scheitern dieser, beginnt die Epoche des
Realismus. Die Träger der Revolution (Das Bürgertum) verzichten auf die politische Macht
und erkaufen sich so Wohlstand und soziale Ordnung. 1871 während der Gründerzeit
(Einigung Deutschlands) kommt es zu einem Aufschwung, durch den Deutschland zu einem
hochentwickelten Industriestaat reift. Firmen wie z.b. Krupps und Siemens prägen zu dieser
Zeit die Industrie. Durch die Industrialisierung wächst die Bevölkerung stark und die Städte
vergrößern sich. Die Industriearbeiter werden sehr schlecht bezahlt, so dass oft auch die
Familien mitarbeiten müssen. Durch die Verelendung der Industriearbeiter und immer
größeren Gegensätzen der „Industriellen" Bevölkerung und der Arbeiterschicht, entstehen
Auswanderungswellen. [6]

## 4. Kunst im 19. Jahrhundert

### 4.1. Malerei

Kaum eine andere Epoche zuvor brachte eine solche Fülle von einschneidenden,
künstlerischen Veränderungen wie das 19. Jahrhundert hervor. In der ersten Hälfte des
Jahrhunderts orientierte sich die Kunst an der Romantik. Prägend für diese Zeit war Caspar
David Friedrich mit seinen Landschaftsbildern, die sehr romantisch und idealistisch waren
(Siehe Anlage 1). Während der Zeit des Biedermeier malten Künstler wie Carl Spitzweg vor
allem Bilder, welche sich durch ihre Selbstironie über die Niedrigkeit des Alltages
hinwegsetzen. Durch den Bezug auf die Realität wird die romantische Freiheit und Ironie der
Malerei humoristischer (Siehe Anlage 1). Mitte des 19. Jahrhunderts zeigte sich in der
Malerei statt dem „Idealismus" in den Bildern, eine verstärkte Tendenz zum „Realismus" und
der damit verbundenen Darstellung der alltäglichen Umwelt. Man spricht von dem Weg in
die Moderne Kunst (Siehe Anlage 1). Ein bedeutsamer Vertreter der realistischen Malkunst
war Wilhelm Leibl. Bis zum Ende des 19. Jahrhunderts war die Malerei ebenfalls von Adolph
Menzel geprägt. Dieser zeichnete viele verschiedene Szenerien u.a. Kirchen und sein
bekanntes „Balkonzimmer" (Siehe Anlage 1). Bei Menzel vereint sich immer ein
ausgeprägter Sinn für Realität mit höchstem Empfindungsreichtum.[7, 8]

## 4.2. Musik

In der Zeit des Realismus wurde Malerei und Literatur musikalisiert. Die Idee, das Sehen und Hören miteinander zu verknüpfen, wurde geboren. Daraus resultierte das Farbenklavier, welches jedem Ton eine Farbe zuordnete. [9] Frank Liszt (1811-1886) war einer der ersten Künstler, der mit seinem Piano auf ein Orchester verzichtete und Solokonzerte gab. Er war zukunftsweisend in der Harmonik und legte seiner Musik literarische Texte sowie Bilder als „Programm" zugrunde. Frank Liszt war es auch, der die Vereinigung der „Neudeutschen Schule" im Jahre 1859 gründete, woraus sich 1861 der „Allgemeine Deutsche Musikverein" entwickelte. [10] Berühmte Musiker des Realismus waren außerdem Richard Wagner (1813-1883), der Pianist und Dirigent Hans von Bülow und Johannes Brams (1833-1897), welcher sich öffentlich gegen die Neudeutsche Schule bekannte und Musik im Stile der Klassik veröffentlichte. [11]

## 4.3. Architektur

Karl Marx stellte fest, dass in Epochen revolutionärer Krisen das Bürgertum die Geister der Vergangenheit beschwört. Dies zeigt sich auch in der Architektur des Realismus, welcher sich an den Formen der Vergangenheit orientiert und deshalb auch Historismus genannt wird. So ist die Architektur zuerst eine Anlehnung an die mittelalterliche Bauweise. Seit Mitte des 19. Jahrhunderts ähnelt sie der italienischen und deutschen Renaissance und ab der Wende zum 20. Jahrhundert zeichnet sich eine Neigung zum Neobarock ab. [12] Es dominierte die Symmetrie. Oft wurden Eingänge mittig und in nahezu perfekter Ausrichtung zu beiden Seiten eines Gebäudes hohe, nach oben hin abgerundete Fenster, getrennt von Balken und Säulen gebaut. Auf Ecken oder markanten Punkten fanden sich oft Steinfiguren oder Spitzen (Siehe Dresdener Opernhaus, Münchener Maximilianeum (Anlage 1)). [13]

# 5. Die literarischen Gattungen

Literarische Gattungen der Epoche sind die Novelle und der Roman (als Bildungsroman, historischer Roman, Gesellschaftsroman und Familienroman). In diesen Romanen und den Novellen ist das Drama untergeordnet. In der Lyrik wirken Merkmale der Klassik und der Romantik stärker, was epochentypische Gedichte zeigen. [14]

## 5.1. Themen der realistischen Literatur

Die wichtigen Themen der realistischen Literatur sind z.B. die soziale Frage, das Staatswesen und der Gemeinschaftsgedanke. Mittelpunkt ist der Mensch, den man in seinem Alltag und seiner bürgerlichen Arbeit sieht - ohne Beziehung zu übergeordneten Mächten. Diese Themen wurden im Hinblick auf die zeitgenössische Geschichte und damaligen Geschehnissen verarbeitet. Aufstieg- und Fall von Menschen aus verschiedenen sozialen Schichten, sowie die ernsthafte Behandlung der alltäglichen Wirklichkeit wurden zum Gegenstand der Literatur. [15]

## 5.2. Eine Auswahl von Autoren und bekannten Werken aus der Zeit des Realismus

| Autoren[16] | Werke |
|---|---|
| Theodor Fontane | - Irrungen, Wirrungen (Roman 1886) |
| 1819 - 1898 | - Frau Jenny Treibel (Roman 1892) |
| | - Effi Briest (Roman 1894/95) |
| | - Der Stechlin (Roman 1897/98)[17] |
| Friedrich Hebbel | - Maria Magdalena (Drama 1844) |
| 1813 - 1863 | - Agnes Bernauer (Drama 1855)[18] |
| Theodor Storm | - Immensee (Novelle 1850) |
| 1817 - 1888 | - Der Schimmelreiter (Novelle 1888)[19] |
| Gottfried Keller | - Die Leute von Seldwyla (Novelle 1856/1873) |
| 1819 - 1890 | - Der grüne Heinrich (Roman 1878/80)[20] |
| Conrad Ferdinand Meyer 1825 - 1898 | - Gustav Adolfs Page (Novelle 1882) |
| | - Die Versuchung des Pescara (Novelle 1887)[21] |
| Wilhelm Raabe 1831-1910 | - Die Chronik der Sperlingsgasse (Roman 1856) |
| | - Holunderblüte (Novelle 1863) |
| | - Der Hungerpastor (Roman 1864) |
| | - Die Akten des Vogelsangs (Roman 1896)[22] |

## 5.3. Autoren im Ausland

In Frankreich entstand Mitte des 19. Jahrhunderts durch Werke von Gustave Flaubert wie Madame Bovary oder Guy de Maupassant mit „Une Vie" der „kritische" Realismus. Im Vergleich zu Deutschland werden der psychologische Zustand der Charaktere und das soziale Elend stärker betont. Der Erzähler versucht, objektiv zu bleiben und schildert, was er sieht. Gerade durch das teilnahmslos wirkende, neutrale Erzählverhalten, vermittelt dies dem Leser die gesellschaftskritische Sicht der Autoren. [23] Der amerikanische Autor Mark Twain prägte ebenfalls die Zeit des Realismus durch seine Werke „Die Abenteuer des Tom Sawyer" und „Die Abenteuer des Huckleberry Finn", welche bis heute von großer Bedeutung sind. Außerdem wurden auch in Russland und Tschechien Werke wie „Krieg und Frieden" sowie „Anna Karenina" von Leo Nikolajewitsch Graf Tolstoi und „Kleinseitner Geschichten" von Jan Neruda veröffentlicht. [24]

## 6. Biographie von Henri Theodor Fontane [25,26]

27

| Jahr | Ereignisse |
|---|---|
| 30. Dezember 1819 | Henri Theodor Fontane wird in Neuruppin geboren. |
| 1827 | Die Familie Fontane kauft die Adler Apotheke und zieht nach Swinemünde. Fontane besucht erst die Stadtschule und später wurde er von Privatlehrern geschult. |
| 1832 – 1833 | Fontane besucht das Friedrich-Wilhelm-Gymnasium in Neuruppin. |
| 1836 – 1844 | Er beginnt eine Lehre in der Apotheke "Zum Weißen Schwan", arbeitet bis 1844 in verschiedenen Apotheken in Berlin, Magdeburg, Leipzig und Letschin. |
| 1839-1840 | Fontane veröffentlicht erste Werke in der Tageszeitung "Berliner Figaro" |
| 1844 | Fontane ist ein Jahr Freiwilliger im Gardegrenadierregiment "Kaiser Franz" in Berlin. |
| 8. Dezember 1845 | Fontane verlobt sich mit Emilie Rouanet-Kummer, die er zehn Jahre zuvor zum ersten Mal sah. |
| 16. Oktober 1850 | Am 16. Oktober 1850 findet die Hochzeit statt. |
| 1847 | Nach den Staatsexamen erhält Fontane die Approbation zum "Apotheker erster Klasse". |
| 1848 | Im Mai wird er als Wahlmann für den preußischen Landtag aufgestellt. |
| 1849-1855 | Fontane versucht sich als freier Schriftsteller. Er kann allerdings kaum davon leben. In den folgenden Jahren ist Fontane Publizist, Kritiker, Herausgeber und Pressekorrespondent (in London). Mit Privatunterricht bestreitet er den Familienunterhalt. Theodor Fontane arbeitet in London. Er schreibt Kritiken Londoner Theaterstücke für deutsche Zeitungen. |
| 1851 | Sein erster Sohn George Emile kommt zur Welt. |
| 1855 | Sein zweiter Sohn Theodor wird geboren. |
| 1859 | Die Familie kehrt nach Berlin zurück. Er erhält eine Stellung als "Vertrauenskorrespondent", die er nach kurzer Zeit wieder verliert. |
| 1860 | Tochter Martha wird geboren. Fontane bekommt eine Stelle als Redakteur der preußischen „Kreuz-Zeitung". |
| 1864 | Sohn Friedrich wird geboren. Im selben Jahr reist Fontane ins Kriegsgebiet um Kopenhagen und Husum in Dänemark. |
| 1867 | Theodors Vater stirbt. |
| 1869 | Fontanes Mutter stirbt in Neuruppin. |
| 1878 | Fontanes erster Roman, das vierbändige Epos "Vor dem Sturm. Roman aus dem Winter 1812-1813" erscheint. |
| 1887-1888 | Sohn George stirbt in Lichterfelde. Sohn Friedrich gründet ein Jahr danach in Berlin einen eigenen Verlag, über den Theodor Fontane auch seine Werke veröffentlicht. |
| 1892-1893 | Fontane wird schwer krank (Gehirnanämie). Mitte 1893 nimmt er entgegen den Erwartungen aller Bekannten seine Arbeit wieder auf. |
| 1894 | Fontane erhält die Ehrendoktorwürde der Philosophischen Fakultät der Universität Berlin. |
| 1898 | Fontane stirbt (nach mehreren Kuraufenthalten) in seiner Berliner Wohnung. |

## 6.1. Thematisierung in Fontanes Werken

In Fontanes Gedichten, Reise- und Wanderbüchern, Theaterkritiken, zahlreichen literaturkritischen Arbeiten und den Aufzeichnungen zur Lektüre erkennt man eine Fülle von Äußerungen, in denen Fontane sich ironisch selbst ins Spiel bringt. Er beginnt als Dichter preußischer Balladen. Später wurde er als „märkischer Wanderer" bewundert. Letztlich kam er zum Ruhm als Verfasser atmosphärisch meisterhafter Gesellschaftsromane. Gegenwärtig wird er vor allem als Kritiker der Gesellschaft seiner Zeit gesehen. Seine Werke zeigen tief und umfassend, wie er mit Skepsis und Pessimismus über die politischen, kirchlichen und gesellschaftlichen Zustände seiner Zeit urteilt. [28]

## 6.2. Effi Briest

Effie Briest ist ein Roman aus der Zeit des Realismus um 1895, welcher von Theodor Fontane geschrieben wurde und sich um das Schicksal der jungen Effi in einer von einer strengen Gesellschaft dominierten Welt dreht.

Der Roman ist Fontanes bedeutsamstes Werk und ist nach dem historischen Vorbild einer spektakulären Liebestragödie der 1953 geborenen Elisabeth von Plotho und ihrem Ehemann Offizier Armand von Ardenne geschrieben, welche Fontane allerdings stark abgewandelte. [29]

## 6.2.1. Inhaltsangabe

Der Roman „Effi Briest" von Theodor Fontane, welcher erstmals 1894 als Fortsetzungsartikel in der deutschen Rundschau[30] und im Jahre 1895[31] endgültig als Buch veröffentlicht wurde, erzählt die Lebensgeschichte der jungen Effi Briest und die Auswirkung der gesellschaftlichen Umstände auf sie.

Zu Beginn des Romans heiratet die kindliche Effi Briest, auf Wunsch ihrer Mutter, den um viele Jahre älteren Landrat Baron von Instetten, welcher vor langer Zeit Gefühle für Effis Mutter hegte.

Das frisch vermählte Paar zieht nach den Flitterwochen zum Landratssitz nach Kessin in der hinterpommerschen Provinz, um dort ihr weiteres Leben zu verbringen. Schnell wird klar, dass Effi im Haus des Barons nicht glücklich wird. Sie fürchtet sich vor den Spukgeschichten die Instetten ihr erzählt und bildet sich ein, den Geist eines verstorbenen Chinesen zu sehen. Der Gesellschaft in und um Kessin fühlt sie sich, ausgenommen dem Apotheker Alonzo Gieshübler, welcher ihr ein guter Freund wird, nie so recht zugehörig.

Nachdem der seinerseits als Frauenheld bekannte Major von Crampas neuer Landwehrbezirkskommandeur in Kessin wird und aufgrund einer alten Freundschaft anfängt Kontakt mit Instetten zu pflegen, wird Effis Kind Anni geboren. Um sich die Langeweile während vieler geschäftlicher Abwesenheiten seitens Instettens zu vertreiben, beginnt Effi, viel Zeit mit Crampas zu verbringen, woraus sich eine Affäre entwickelt.

Als der Landrat befördert und nach Berlin berufen wird, zieht das Ehepaar von Instetten um und beginnt eine neue glücklichere Zeit in der Großstadt; trotzdem ist sie auch in Berlin nicht vollends zufrieden. Während Effi Jahre später einige Wochen zur Kur fährt, entdeckt Instetten zufällig ein Bündel mit an Effi gerichteten Liebesbriefen, welche von Crampas stammen.

Um seine Ehre und sein gesellschaftliches Ansehen zu wahren, tötet er Crampas in einem Duell und verstößt Effi aus seinem Hausstand. Diese lebt jahrelang von der Gesellschaft und ihrer Familie verstoßen allein mit Roswitha, ihrer Haushälterin und früheren Hebamme von Anni, in einer kleinen Wohnung in Berlin und macht sich Vorwürfe über Vergangenes.

Ihr Zustand verschlechtert sich, als sie nach einem bei Instetten erbetenen Treffen mit ihrer Tochter Anni merkt, dass Instetten die Tochter gegen ihre Mutter erzieht.

Auf Rat ihres Arztes Rumschüttel zieht sie zurück in ihren Geburtsort Hohen-Cremmen, wo sie wieder bei ihren Eltern lebt. Zum Ende stirbt Effi, nachdem sie Instetten und der Gesellschaft verzeiht, an ihrer Einsamkeit und Trauer.

## 6.2.2. Charakteristik

### 6.2.2.1. Effi Briest

Effi Briest, welche die Hauptfigur in dem Roman darstellt, ist zu Beginn eine bei ihren Eltern in Hohen-Cremmen aufgewachsene 17-jährige, kluge, junge Frau, mit braunen Augen und brünettem Haar, welche ihre Kindheit auch als junge Erwachsene noch voll auslebt. *(„[...] In allem, was sie tat, paarte sich Übermut und Grazie, während ihre lachenden braunen Augen eine große, natürliche Klugheit und viel Lebenslust und Herzensgüte verrieten [...]")*[32]

Sie lässt sich von ihrem Umfeld treiben ohne selbst ein lenkender Faktor zu sein, nimmt somit die Heirat nicht Ernst und ist der Meinung, wenn die äußeren Umstände wie im Märchen seien, könne es nur gut werden. *(„[...] „Es kommt dir vor wie ein Märchen, und du möchtest eine Prinzessin sein." Effi nahm die Hand von der Mama und küsste sie. „Ja, Mama so bin ich" [...]")³³*

Von Anfang an vermittelt der Autor dem Leser das Gefühl, dass Effi den Baron nicht liebt. In Kessin beginnt sie sich zu verändern; sie verdrängt Verhaltensmuster ihrer Kindheit oder verändert diese (statt in der Luft zu Schaukeln sitzt sie oft im Schaukelstuhl). Effi nimmt ihr unglückliches Leben hin, als ob dies ein normaler, unveränderbarer Umstand in einer Ehe sei und zieht sich trotz einiger kleiner Höhenflüge (Besuch in Hohen-Cremmen, Geburt von Anni) im Laufe der Geschichte immer weiter zurück bis ihre Einsamkeit und Trauer ihr den Tod bringen. Trotzdem sagt sie am Ende, dass ihre Krankheitstage *„[...] die doch fast schönsten gewesen sind [...]"³⁴*

### 6.2.2.2. Baron Geert von Instetten

Der Charakter des Geert von Instetten ist das Gegenstück zu Effi. Er ist zu Beginn ein 38-jähriger, sehr maskuliner Landrat mit strengen Regeln und Prinzipien, welcher mit beiden Beinen fest auf dem Boden steht. Er wird beschrieben als: *„[...] Schlank, brünett und von militärischer Haltung [...]"³⁵ „[...] ein famoses Menschenexemplar, Mann von Charakter und Schneid [...]"³⁶*

Ein Mann also, der allen Ansprüchen der Gesellschaft entspricht, weshalb er auch ein Vertrauter von Bismarck ist. Effi wird nie glücklich mit ihm, da er mehr einem Erzieher als einem Liebhaber gleicht und Effi durch Autorität und dem Vermitteln von Ängsten nach seinen Vorstellungen formen will.

Obgleich er als Person von den Bürgern angesehen ist, so ist *„[...] er nüchtern und berechnend [...] und zuletzt auch noch grausam [...]"³⁷*

Der Leser merkt Instetten an, dass er stets Dienstliches vor Persönliches stellt und nur auf seine Karriere und sein Ansehen in der Gesellschaft erpicht ist.

Dies äußert sich auch stark in dem Ehrenmord an Crampas, den er nur durchführt, weil er denkt, die Regeln der Gesellschaft verlangen es von ihm. *(„[...] „Weil es trotzdem sein muss [...] man gehört einem ganzen an, und auf das Ganze haben wir beständig Rücksicht zu nehmen, wir sind durchaus abhängig von ihm" [...]")³⁸*

Im Laufe der Geschichte wirkt er allerdings nicht mehr so unpersönlich wie zu Beginn und nimmt nach und nach menschlichere Züge an.

Zum Ende der Geschichte fragt er sich sogar, ob seine ehemaligen Ansichten richtig sind und ob es wirklich alles so kommen musste, wie es kam.

### 6.2.2.3. Major von Crampas

Major von Crampas ist beim Erscheinen im Roman ein 44-jähriger, verheirateter Landwehrbezirkskommandeur mit zwei Kindern, welcher nach Kessin berufen wird.

Er wird beschrieben als *„[...] schöner Mann. Ein bisschen zu sicher. [...]"³⁹ „[...] rotblonder Sappeurbart [...]"⁴⁰ „[...] ganz Beau und halber Barbarossa [...]"⁴¹*

Sein Ruf eilt ihm voraus, denn er ist *„[...] ein Mann vieler Verhältnisse [...] ein Damenmann [...] Vollkommener Kavalier, ungewöhnlich gewandt. [...]"⁴²*

Seine Frau leidet stark unter seinem Ruf und verhält sich auch dementsprechend sehr eifersüchtig.

*„[...] Instetten war während des Krieges in derselben Brigade mit ihm [...]"⁴³* wodurch Effi ihn kennen lernt.

Im Gegensatz zu Instetten verachtet er Prinzipien und hat eine eigene Moral und Ehrvorstellung, die nicht mit denen der Gesellschaft übereinkommen. *(„[...] Einem Freunde helfen und fünf Minuten später ihn betrügen [...]")⁴⁴*

Er verführt Effi durch seine Belesenheit und dem Nachspiel von Theaterstücken und ist für sie ein „aufregender Halt" in der sonst so manierlichen Gesellschaft.

Instettens Verhaltensweise und das Leben nach seinen eigenen Prinzipien bringt ihm letztendlich den Tod.

### 6.2.2.4. Herr von Briest

Effis Vater, im Buch oft schlicht Briest genannt, ist ein adeliger Grundbesitzer in Hohen-Cremmen. Er ist dem Druck der Gesellschaft nicht so stark ausgesetzt wie Instetten und der Leser empfindet ihn als sympathischen und liebevollen Vater, der viele Sachen mit Selbstbewusstsein, Ironie und Leichtigkeit nimmt. *(„[...] „Überhaupt hättest du besser zu Instetten gepasst als Effi. Schade nun ist es zu spät" [...]"⁴⁵* (Zu seiner Frau))

Aussage von ihm: *„[...] „nichts bekomme einem so gut wie eine Hochzeit, natürlich die eigene ausgenommen" [...]"⁴⁶*

Von Beginn an vermittelt Fontane das Gefühl, dass Briest der Ehe, seiner Tochter, mit Instetten kritisch gegenübersteht, was sich auch in seinen gestellten Fragen äußert. *(„[...] „Ist sie glücklich? Oder ist da doch irgendwas im Wege?" [...]")⁴⁷*

Briest ist es letztlich auch, der sich gegen den Verstoß der Gesellschaft stellt und seine Frau überredet, Effi wieder nach Hohen-Cremmen zu lassen. *(„[...] „Die Gesellschaft, wenn sie nur will, kann auch ein Auge zudrücken" [...]")⁴⁸*

### 6.2.2.5. Luise von Briest

Luise von Briest ist die starke Frau hinter Herrn von Briest. Sie weiß sehr genau, was sie will, was ihr gefällt und was getan werden muss (Einrichtung von Effis Wohnung in Berlin, Heirat mit Herrn Briest, Heirat von Effi und Instetten).

Sie drängt Effi zur Heirat um ihre Stellung zu verbessern und möchte, das Effi das erreicht, was sie im Leben vielleicht nicht erreicht hat. *(„[...] „dazu ein Mann von Charakter, von Stellung und guten Sitten und wenn du nicht nein sagst, was ich mir von meiner klugen Effi kaum denken kann, so stehst du in zwanzig Jahren da, wo andere mit vierzig stehen" [...]")⁴⁹*

Sie hat großen Einfluss auf Effi und versucht diese immer wieder durch Gespräche zu manipulieren um für sie „das Beste" zu erreichen. Sie ist also eines der Zahnräder, welche die Gesellschaft in dem Roman definieren. Als eines dieser Zahnräder drängt sie Effi mit in den Tod.

### 6.2.3. Interpretation

Der 1885 erschienene Roman „Effie Briest" von Theodor Fontane kann auf unterschiedlichen Ebenen interpretiert werden.

Zum einen im Hinblick auf Effis gescheiterte Ehe. Die Werbung um die Ehefrau geschieht durch Instetten nicht bei Effi direkt, sondern vielmehr bei ihren Eltern. Der gesamte Prozess des ersten Kontaktes bis zum Umzug nach Kessin ist sehr kurz und erinnert vielmehr an eine Zwangsheirat oder einen Brautkauf, als an eine schöne Hochzeit. Effi sträubt sich nicht gegen den Willen der Mutter und es scheint so, als denke sie, dies sei der normale Prozess der Ehe, welchen man so hinnehmen müsse. Im Laufe der Geschichte wünscht sie sich allerdings immer mehr die Geborgenheit, Wärme und echte Liebe, die Ihr in dieser „Zweckehe"[50] so sehr fehlt.

Deshalb wird sie ein leichtes Ziel für Crampas. Effi selber sucht die Schuld nur selten bei sich und schämt sich nicht für ihre Taten. Der Autor erzeugt dennoch so viel Mitleid für Effi, dass sich eine eindeutige Freisprechung oder Verurteilung Effis nicht herauslesen lässt. Der Autor möchte somit dem Leser seine Gedanken über den Spagat zwischen "kühler gesellschaftlicher" und "liebevoller" Ehe machen lassen.

Ein anderer Interpretationsansatz wäre die Kritik Fontanes an dem preußischen Adel.

Der Adel wird in keiner Weise als zusammenhaltende Gemeinschaft beschrieben, vielmehr kümmert sich jeder um sich selber und ist kühl und zurückhaltend. Insbesondere bei den, als lästige Pflicht angesehenen Treffen, mit anderen adeligen Familien. Im Falle des Kessiner Landadels kritisiert Fontane den Adel nicht einmal mehr, sondern zieht ihn ins Lächerliche.

Der tiefgründigste Interpretationsansatz ist allerdings die Macht der gesellschaftlichen Normen und die exemplarische Darstellung eines Frauenschicksals.

Eine deutliche Kritik an der Gesellschaft des 19.Jahrunderts ist an Fontanes Werk erkennbar.

Die Geschichte verdeutlicht, wie eine junge Frau, die durch die „unbrechbaren" Regeln, eben dieser Gesellschaft, in ihr Unglück und nach dem Bruch dieser Regeln sogar bis in den Tod gedrängt wird. In der Duellszene äußert sich, wie streng die geistigen Gesetze der damaligen Gesellschaft sind. Um weiterhin als gesellschaftlich anerkannter Prinzipienreiter zu gelten und sich nicht selbst zu verraten, sucht sich Instetten durch Wüllersdorf einen Mitwisser über Effis Affäre.

Durch Wüllersdorfs Mitwissen muss Instetten, obwohl er keine Gräuel gegen Crampas hegt, das Duell durchführen. Gäbe es nur ihn und Crampas, müsse er niemals töten, da es keinen gäbe, der ihn verurteilen könne.

Instetten sieht nur die egoistische Möglichkeit entweder sein oder Effis Ansehen zu retten und entscheidet egoistisch, indem er die Affäre Publik macht und Effi somit zu einer Vogelfreien der Gesellschaft erklärt.

Fontane möchte dadurch wohl ausdrücken, dass es keine glücklichen Individuen geben kann, in einer Gesellschaft, in der jeder den anderen kritisiert und „an den Pranger" stellen möchte.[51]

### 6.2.4. Sprachanalyse

Theodor Fontane benutzt bei Effi Briest einen auktionalen   Erzähler. Er rafft große Zeitspannen zusammen und konzentriert sich vielmehr auf die Entwicklung der einzelnen Figuren, als auf die aktuellen Geschehnisse. Der Erzähler beschreibt im Roman die Umgebung mit sehr genauen oft recht langen Satzgefügen, in denen auch immer wieder Aufzählungen zu erkennen sind.

Die Beschreibung der Charaktere, sowie die Vorantreibung der Geschichte finden in Fontanes Werk kaum durch den Erzähler selbst statt.

Während der Leser in dem Buch das Gefühl hat, die Gespräche der einzelnen Figuren seien im „Moment des Lesens" relativ belanglos, zeigt sich im Rückblick eines Kapitels deutlich, wie sehr man mit einer solchen Aussage falsch liegen würde.

Durch die sehr große Fülle an direkter Rede (im ersten Kapitel ca. 60 Prozent), werden dem

Leser ganz nebenbei durch die Figuren selbst die Charaktere beschrieben und die Geschichte vorangetrieben. Der Leser fühlt sich durch die wörtliche Rede als sei er ein stiller Zuhörer, der direkt am Ort des Geschehens steht und durch den Erzähler, als könne er auch die Umgebung mit seinen eigenen Augen wahrnehmen.

Effi selber benutzt einfache Wörter und wenige Verben, umso komplizierter sind allerdings ihre Satzstrukturen in manchen Situationen. Nur im Umgang mit Instetten wendet sie hin und wieder Fremdwörter an und bleibt ansonsten relativ umgangssprachlich.

Auffällig ist auch die Sprache von Major Crampas, welcher sich oft in Sprichwörtern und Redensarten ausdrückt.

Theodor Fontane benutzt in seinem Werk zudem viel versteckte Symbolik, bei denen Interpretationsspielraum für Zweideutigkeiten gelassen wird. (z.B. das Schaukeln als Höhenflug und Fall von Effis Leben, die Beschreibung von Steinen und Friedhöfen als Symbol des Todes, der Schloon als Zeichen vom Abkommen des rechten Weges usw.)[52]

Effi Briest wird in chronologischem Zeitablauf und drei verschiedenen Hauptschauplätzen (Kessin, Berlin und Hohen-Cremmen) und unterschiedlichen Nebenschauplätzen erzählt.

Im Folgenden ein kleiner Textausschnitt mit Bestimmung einiger von Fontanes sprachlichen Mitteln in „Effi Briest".

*„[...] „Kurz und gut, er nahm den Abschied und fing an, Juristerei zu studieren, wie Papa sagt, mit einem >wahren Biereifer<; nur als Siebziger Krieg kam, trat er wieder ein, aber bei Perlebergern statt bei seinem alten Regiment, und hat auch das Kreuz. Natürlich, denn er ist sehr schneidig. Und gleich nach dem Kriege saß er wieder bei seinen Akten, und es heißt, Bismarck halte große Stücke von ihm und auch der Kaiser, und so kam es denn, dass er Landrat wurde, Landrat in den Kessiner Kreise."*
*„Was ist Kessin? Ich kenne hier kein Kessin"*
*Nein, hier in unserer Gegend liegt es nicht; es liegt eine hübsche Strecke von hier fort, in Pommern, in Hinterpommern sogar, was aber nichts sagen will, weil es ein Badeort ist (alles da herum ist ein Badeort), und die Ferienreise, die Baron Instetten jetzt macht, ist eigentlich eine Vetternreise oder doch etwas Ähnliches.[...]"[53]*

Erzählung im Aktiv: ...Er nahm den Abschied...
Hypotaxe ...Juristerei zu studieren, wie Papa sagt, mit einem >wahren Biereifer<; nur als Siebziger Krieg kam, trat er wieder ein, aber bei Perlebergern...
Metapher, Neologismus: ...Biereifer...
Symbol: Kreuz ( Nur für eingeweihte bekannt, welche Bedeutung hier das „Kreuz" hat)
Wiederholung und detaillierte Beschreibung (Leitwort Landrat): ...dass er Landrat wurde, Landrat im Kessiner Kreise."...
Epipher und Wiederholung: ...,,Was ist Kessin? Ich kenne hier kein Kessin."...
Euphemismus: ...Eine hübsche Strecke - statt eine lange Strecke....
detaillierte Beschreibung: ...Pommern, in Hinterpommern sogar...
Neologismus: Vetternreise

## 6.2.5. Rezensive Wirkung

Die Kritiker lobten bereits kurz nach Erscheinen des Romans „Effi Briest" das perfekte Zusammenspiel aus detaillierten Beschreibungen und der Gesamtaussage. Das Buch sei eine kompositorische Geschlossenheit. Bereits 1919 hebt Conrad Wandrey hervor, dass Theodor Fontane mit Effi Briest nun bis in die Weltliteratur hereinragt.

Vereinzelte Kritik wurde gegen den Chinesen im Buch als übernatürlicher Bestandteil erhoben, der im Realismus fehl am Platz sei.[54]

## 7. Nachwort (Eigener Eindruck der Auswirkungen des Realismus auf die heutige Zeit)

Die Literatur des Realismus war Ansporn für viele Revolutionen und Aufstände der Bevölkerung gegen eine Gesellschaft verschiedener Klassen. Diese Revolutionen verfolgten den Zweck, welchen wir heute als Grundgedanken der Demokratie verstehen: Jeder Mensch ist gleich und hat dasselbe Stimmrecht.

Obwohl dieses Ziel nicht komplett erreicht wurde, verbesserte sich dennoch das Leben der Arbeiterklasse auf einen bisher unerreicht hohen Standard.

Die menschlich ausgerichtete Politik Bismarcks hat bis heute Einfluss auf das Sozialsystem. Die Einführung seiner Sozialgesetze haben immer noch deutliche Auswirkungen.

**Fazit:** **Ohne die Zeit des Realismus und die damaligen Geschehnisse wäre der heutige Lebensstandard in Deutschland kaum denkbar.**

## 8. Quellenverzeichnis

### 8.1 Literatur

[1]Vgl.: Beintmann, Cord: Theodor Fontane. Originalauflage, München dtv 1998, S. 97-98.

[3]Vgl.: Knopp, Guido; Brauburger, Stefan; Arens, Peter: Die Deutschen. Von Karl dem Grossen bis Rosa Luxemburg. Auflage 2010, München C.Bertelsmann verlag,. S. 266-333 (Zeitstrahl S.268-327)

[4]Vgl.: Prof. Stein, Werner (Hrsg.): Der Neue Kulturfahrplan. München Herbigverlag 2004, S.924-956

[5]Vgl.: In: Brockhaus Lexikon im dtv, Band 15,München Deutscher Taschenbuchverlag 1984, S.72-73

[6]Vgl.: Uerscheln, Hermann: Arbeitsbuch Deutsch. Literaturepoche: Realismus. 2. Auflage. München Bayrischer Schulbuch-Verlag 1995, S. 28-29

[7]Vgl.: Pleticha, Heinrich (Hrsg.): Deutsche Geschichte. Band 9. Gütersloh Bartelsmann Lexikothek Verlag 1984, S. 118-128

[8]Vgl.: Pleticha, Heinrich (Hrsg.): Deutsche Geschichte. Band 10. Gütersloh Bartelsmann Lexikothek Verlag 1984, S. 278-295

[9]Vgl.: In: Prof. Dr. Wicke, Peter (Hrsg.):Duden, Basiswissen Schule Musik. Duden Praetec GmbH 2005, S. 176

[10]Vgl.: In: Prof. Dr. Wicke, Peter (Hrsg.):Duden, Basiswissen Schule Musik. Duden Praetec GmbH 2005, S. 179-180

[11]Vgl.: In: Prof. Dr. Wicke, Peter (Hrsg.):Duden, Basiswissen Schule Musik. Duden Praetec GmbH 2005, S. 182

[12]Vgl.: Grube, Gert.Rainer: Bauformen: Von der Romantik bis zur Gegenwart. Berlin Werner Verlag 1986, S. 16

[13]Vgl.: Grube, Gert.Rainer: Bauformen: Von der Romantik bis zur Gegenwart. Berlin Werner Verlag 1986, S. 28

[14]Vgl.: Uerscheln, Hermann: Arbeitsbuch Deutsch. Literaturepoche: Realismus. 2. Auflage. München Bayrischer Schulbuch-Verlag 1995, S. 118-119

[15]Vgl.: Uerscheln, Hermann: Arbeitsbuch Deutsch. Literaturepoche: Realismus. 2. Auflage. München Bayrischer Schulbuch-Verlag 1995, S. 118

[16]Vgl.: Rahner, Thomas; Scheele, Christoph; Van Züren, Helmut (Hrsg): Das Deutschbuch für die Fachoberschule. Berlin Cornelsen Verlag 2009, S. 369

[17]Vgl.: Beintmann, Cord: Theodor Fontane. Originalauflage, München dtv 1998, S. 145-146

[18]Vgl.: Uerscheln, Hermann: Arbeitsbuch Deutsch. Literaturepoche: Realismus. 2. Auflage. München Bayrischer Schulbuch-Verlag 1995, S. S. 27

[19]Vgl.: Uerscheln, Hermann: Arbeitsbuch Deutsch. Literaturepoche: Realismus. 2. Auflage. München Bayrischer Schulbuch-Verlag 1995, S. 27

[20]Vgl.: Uerscheln, Hermann: Arbeitsbuch Deutsch. Literaturepoche: Realismus. 2. Auflage. München Bayrischer Schulbuch-Verlag 1995, S. 27

[21]Vgl.: Uerscheln, Hermann: Arbeitsbuch Deutsch. Literaturepoche: Realismus. 2. Auflage. München Bayrischer Schulbuch-Verlag 1995, S. 27

[22]Vgl.: Uerscheln, Hermann: Arbeitsbuch Deutsch. Literaturepoche: Realismus. 2. Auflage. München Bayrischer Schulbuch-Verlag 1995, S. 27

[23]Vgl.: Brand, Thomas: Königserläuterung: Theodor Fontane. Effi Briest. 1. Auflage 2011. Hollfeld C. Bange Verlag 2011, S. 25-26

[25]Vgl.: Nürnberger, Helmuth: Fontane. 19. Auflage, Reinbek bei Hamburg 1993, S. 166-167

[26]Vgl.: Beintmann, Cord: Theodor Fontane. Originalauflage, München dtv 1998, S. 145-146

[28]Vgl.: Nürnberger, Helmuth: Fontane. 19. Auflage, Reinbek bei Hamburg 1993, S. 13-16.

[29]Vgl.: Brand, Thomas: Königserläuterung: Theodor Fontane. Effi Briest. 1. Auflage 2011. Hollfeld C. Bange Verlag 2011, S. 6

[30]Vgl.: Wölfel, Kurt: Nachwort Effi Briest. Ausgabe 2002. Ditzingen Reclam Verlag 2002, S. 337-347

[31]Vgl.: Wölfel, Kurt: Nachwort Effi Briest. Ausgabe 2002. Ditzingen Reclam Verlag 2002, S. 337-347

[32]Zitat: Fontane, Theodor: Effi Briest. Ausgabe 2002. Ditzingen Reclam Verlag 2002, S. 6

[33]Zitat: Fontane, Theodor: Effi Briest. Ausgabe 2002. Ditzingen Reclam Verlag 2002, S. 31

[34]Zitat: Fontane, Theodor: Effi Briest. Ausgabe 2002. Ditzingen Reclam Verlag 2002, S. 331

[35]Zitat: Fontane, Theodor: Effi Briest. Ausgabe 2002. Ditzingen Reclam Verlag 2002, S. 17

[36]Zitat: Fontane, Theodor: Effi Briest. Ausgabe 2002. Ditzingen Reclam Verlag 2002, S. 27

[37]Zitat: Fontane, Theodor: Effi Briest. Ausgabe 2002. Ditzingen Reclam Verlag 2002, S. 331

[38]Zitat: Fontane, Theodor: Effi Briest. Ausgabe 2002. Ditzingen Reclam Verlag 2002, S. 264

[39]Zitat: Fontane, Theodor: Effi Briest. Ausgabe 2002. Ditzingen Reclam Verlag 2002, S. 187

[40]Zitat: Fontane, Theodor: Effi Briest. Ausgabe 2002. Ditzingen Reclam Verlag 2002, S. 183

[41]Zitat: Fontane, Theodor: Effi Briest. Ausgabe 2002. Ditzingen Reclam Verlag 2002, S. 249

[42]Zitat: Fontane, Theodor: Effi Briest. Ausgabe 2002. Ditzingen Reclam Verlag 2002, S. 117

[43]Zitat: Fontane, Theodor: Effi Briest. Ausgabe 2002. Ditzingen Reclam Verlag 2002, S. 117

[44]Zitat: Fontane, Theodor: Effi Briest. Ausgabe 2002. Ditzingen Reclam Verlag 2002, S. 151

[45]Zitat: Fontane, Theodor: Effi Briest. Ausgabe 2002. Ditzingen Reclam Verlag 2002, S. 40

[46]Zitat: Fontane, Theodor: Effi Briest. Ausgabe 2002. Ditzingen Reclam Verlag 2002, S. 39

[47]Zitat: Fontane, Theodor: Effi Briest. Ausgabe 2002. Ditzingen Reclam Verlag 2002, S. 240

[48]Zitat: Fontane, Theodor: Effi Briest. Ausgabe 2002. Ditzingen Reclam Verlag 2002, S. 312

[49]Zitat: Fontane, Theodor: Effi Briest. Ausgabe 2002. Ditzingen Reclam Verlag 2002, S. 17

[51]Vgl.: Brand, Thomas: Königserläuterung: Theodor Fontane. Effi Briest. 1. Auflage 2011. Hollfeld C. Bange Verlag 2011, S. 97-101)

[52]Vgl.: Fontane, Theodor: Effi Briest. Ausgabe 2002. Ditzingen Reclam Verlag 2002, S. 48-50

[53]Vgl.: Fontane, Theodor: Effi Briest. Ausgabe 2002. Ditzingen Reclam Verlag 2002, S, 12

[54]Vgl. Brand, Thomas: Königserläuterung: Theodor Fontane. Effi Briest. 1. Auflage 2011. Hollfeld C. Bange Verlag 2011, S. 102

## 8.2 Internet

[2]Vgl.: Faupel, Björn http://www.bjoernfaupel.de/epochen.htm: Realimus 1848-1890. http://www.bjoernfaupel.de/realismus.pdf , 01.10.2012

[24]Vgl.: Web.schule.At: WELTLITERATUR IM REALISMUS. http://webs.schule.at/website/Literatur/literatur_realismus_weltliteratur.htm#Tolstoi , 01.10.2012

[27]Bild: Drisch Verlag: Theodor Fontane. http://www.drieschverlag.blogspot.com , 16.10.2012

[55]Bild: Aufundab.files.wordpress.com: Der Watzmann. http://aufundab.files.wordpress.com/2008/09/der-watzmann-gemaelde-von-caspar-david-friedrich-1824.jpg , 16.10.2012

[56]Bild: Vetranhsondau.com: Der Sonntagsspaziergang. http://vetranhsondau.com/oilpaintingimg/1/Der-Sonntagsspaziergang-Carl-Spitzweg98311.jpg , 16.10.2012

[57]Bild: Uni-leipzig.de: Die Dorfpolitiker. http://www.uni-leipzig.de/ru/bilder/alter/leibl01.jpg , 16.10.2012

[58]Bild: Malerei-meisterwerke.de: Das Balkonzimmer. http://www.malerei-meisterwerke.de/images_large/adolf-friedrich-erdmann-von-menzel-balkonzimmer-06771.jpg , 16.10.2012

[59]Bild: Lichtblick.de: Der-Sonntagsspaziergang. http://www.lichtblick.de/ufile/11_6_1.jpg , 16.10.2012

**Anlage 1**

„Der Watzmann" von Caspar David Friedrich 1824/1825

Carl Spitzwegs „Sonntagsspaziergang" – im Salon
der Natur (1841)

Wilhelm Leibl – „Die Dorfpolitiker" 1877

Adolph Menzel - „Das Balkonzimmer" 1845

Das „Münchener Maximilaneum" . Die Bauarbeiten waren von 1857-1874